Aike Arndt

Die Zeit und Gott

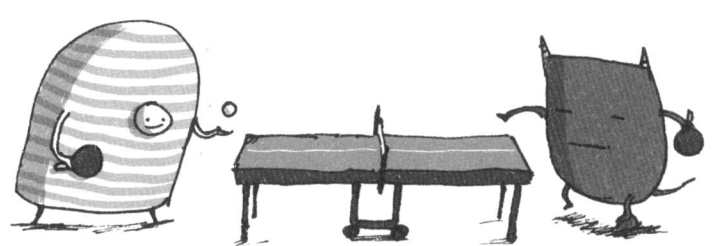

ZWERCH FELL COMICS

Aike Arndt:
DIE ZEIT UND GOTT
Vierte, behutsam aktualisierte Ausgabe

Erscheint bei Zwerchfell GbR Dinter & Tauber • Redaktionsanschrift: Reinsburgstr.66, 70178 Stuttgart
Redaktion: Christopher Tauber & Stefan Dinter • Layout: Aike Arndt & Stefan Dinter

Ähnlichkeiten mit lebenden und verstorbenen Personen und/oder Firmen, Parteien, Vereinen, Kirchen und
öffentlichen Einrichtungen, außer zu satirischen Zwecken, sind zufällig und nicht beabsichtigt.

Printed in the EU by opolgraf

ISBN 978-3-943547-22-1

www.aikearndt.de
www.zwerchfell.de

Anfang

Bevor es die Welt gab mit ihren ganzen Garagen und Elefanten, gab es das NICHTS.

Das NICHTS kann man sich vorstellen wie ein leeres Blatt, wo dem Zeichner noch nichts eingefallen ist zum Zeichnen.

Das NICHTS war überall — deshalb machte auch keiner die Tür auf, als die DHL-Botin klingelte, um ein Paket für einen Herrn Samek aus Neukirchen-Vluyn abzugeben.

Hm

Schlechte Zeiten für Paketzusteller.

Man hätte vorher...

...Leute erfinden sollen, die sich auf Pakete freuen...

...oder Leute, die öffnen, wenn man klingelt.

So blieb das Paket vor der Türe liegen.

Irgendwann öffnete es sich und ein kleiner Babyelefant trötete seinen ersten Ton.

Daraufhin wich das NICHTS und das Universum erwachte.

Glück und Seelenheil

Ey Mond!

Hm...?

Ach, Gott! Ja, Tach auch.

Nix hier „Tach auch". Gib Fünf, Alter.

FÜNF

FLIP

Hö Hö Hö Hö Hö Hö Hö

Hö Hö Hö

Und sonst? Immer noch Ebbe und Flut?

Na klar.

Und Sterne? Alles okay?

Voll!

Neue Schuhe?

Och geht so.

Seh'n super aus.

Ja? Och, danke.

Mond, ich muss weiter. Hau rein, ne?

Ja. Du auch.

Sehen übrigens super aus, die Schuhe.

Äh...ja danke.

Wo hattest Du die her?

Öh...

Karstadt, glaub ich.

ECHT?

Echt Hammer. Und ist das Leder oder was für Material?

FÜHL

Nene, das ist Seelenheil, mein' ich.

Echt?

Krass. Da haste Dich mal nicht lumpen lassen.

Och ja.

Wahnsinn.

NOCHMAL FÜHL

Und wie geh'n die zu?

Das ist reine Glückssache.

Alter Verwalter.
Dekadance hoch 10.

Hö? Wieso?

Naja. Alle suchen Glück
und Seelenheil und Du
machst Dir Schuhe daraus.

Hö hö hö

Ja Moment. Ich KAUF
die ja nur. Ich mach' die
nicht selber.

Ja gut. Aber Du schaffst ja
Bedarf an Schuhen aus
Seelenheil, wenn Du
welche kaufst.

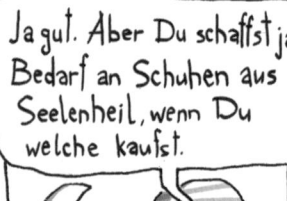

Wieso? MEIN Bedarf
ist gedeckt. Hö hö hö hö!!

Aber MEINER
ist geweckt!!!

Hö Hö
Hö Hö
Hö
Hö
Hö

Hö Hö Hö   Hö Hö   Hö Hö Hö
Hö Hö Hö Hö Hö Hö Hö
Hö Hö Hö Hö Hö Hö Hö Hö Hö
Hö Hö Hö   Hö Hö Hö Hö Hö Hö
Hö Hö Hö Hö Hö Hö Hö Hö Hö Hö
Hö Hö Hö Hö Hö Hö
Hö
Hö
Hö
Hö

Hö Hö
Hö Hö Hö Hö
Hö Hö Hö Hö Hö Hö Hö Hö Hö
Hö Hö Hö Hö Hö Hö Hö Hö
Hö Hö Hö Hö Hö Hö Hö Hö Hö
Hö Hö Hö Hö Hö
Hö Hö Hö Hö Hö
Hö Hö Hö Hö
Hö Hö Hö Hö
Hö Hö Hö

Sniff!   Poah

REIB

Ok, Alter, ich muss echt
mal los. Wir seh'n uns!

Auf jeden.
Hau rein!

Offene Fragen

Sie müssen Gott sein, oder?

Erraten.

Dies hier ist mein „Auto".

Warum sprechen Sie „Auto" so aus, als stünde es in Anführungszeichen?

Das ist eine lange Geschichte.

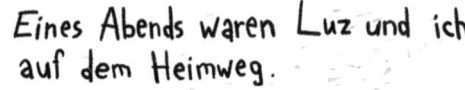

Eines Abends waren Luz und ich auf dem Heimweg.

Ziemlich voll.

Ja

Autos

Autos

Autos

Autos.

AUTOS

AUTOS

Eins bitte.

AUTOS

SCHRADDEL
SCHRADDEL

POPADDEL

Und wenn ich nun durch Städte mit lateinsprachiger Bevölkerung fahre und aus meinem Auto aussteige, dann machen alle den folgenden Scherz:

» Ey, guck mal! «

» DEUS EX MACCHINA «

HA HA HA´ HA HA HA

Die Frage wurde nicht beantwortet. Aber so ist das im Leben. Nicht alles wird beantwortet. Vieles bleibt offen. Amen.

Zeitgenossen

Gott erschuf Zeit, damit seine Geranien wuchsen.

Außerdem musste er dann nicht mehr so lange auf den ICE nach Hamburg warten.

Allerdings verpasste er jetzt immer den Zug- nix mehr mit frommer Trödelei.

TUFF TUFF TUFF

Das hatte er nun davon.

Als Gott einmal das Märchen vom Zauber- lehrling und den Besen las, fand er sich selbst darin wieder.

Da hatte er nun die Zeit mit ihrem ständigen Vergehen an der Backe.

Man muss jetzt aber auch dazu sagen, dass Gott die Zeit auch wegen Rolf erschuf.

Rolf war der erste und einzige Mensch, ein anstrengender Zeitgenosse.

Ständig belehrte er Gott. Immer wusste er alles besser und hatte den Plan.

Gott erschuf also die Zeit, damit Rolf endlich mal starb.

RIP ROLF

So aber hatte er gleichzeitig die Langeweile erschaffen.

Da kam ihm eine Idee:
Er erschuf Menschen, die wegen der Zeit zwar starben, die sich aber selber fortpflanzen konnten.

So hatte Gott immer neue Leute um sich, und bevor einer begann richtig zu nerven, starb der ja bald und es gab wieder neue Menschen.

Die Zeit war nun immer schwer beschäftigt wegen der vielen Menschen, die ja alle altern mussten.

Gott fährt jetzt immer mit dem Fahrrad nach Hamburg. „DIE Zeit nehm ich mir." sagt er selbstzufrieden.

Gespräch mit Gott

Gott

Sonne

Sonne!

Ja?

Scheinst Du heut noch länger?

Ich denke schon. Wieso?

Ich wollte heute noch ins Schwimmbad.

Dann geh doch.

Okay. Danke. Bis später.

Viel Spaß!

BUH!

Aaah!

Komm, wir gehen schwimmen!

Hm... Na gut.

Warum trägst Du Bikini?

Wieso denn nicht?

Naja... ich hab ja auch keinen an.

Du bist ja auch keine Göttin.

Ach... Du bist eine Frau?

Naja... Als Gott bin ich beides.

Interessant.

Es gibt aber auch welche bei uns, die nur eins von beiden sind.

Ach... ich dachte, es gäbe nur den einen Gott.

HA HA HA HA HA HA HA HA HA HA HA HA HA

Nein nein, wir sind viele.

Und jede Woche wechseln wir.

Einmal pro Woche machen wir Rundlauf...

Okay! Anstellen!

Anbau!

Wer gewinnt, darf eine Woche über Raum und Zeit herrschen...

Mach hoch, dann hau ich den Luz raus.

... Wie? ... Nur eine Woche? Dann sitzt hier nächste Woche jemand anders?

Wie gesagt: man herrscht über Raum und ZEIT...

Da kann eine Woche lang sein.

KUCK MA'! Sonne springt vom Fünfer! KUCK MA'!!

Komm, wir springen auch!

ENDE

Expertise

Blüh!

Ey guck mal, Gott, voll die schöne Blüte.

Wie heißt die?

Hm...

Die heißt „BLUME"...

... Kategorie „GEWÄCHS"...

...aus der Klasse der „PFLANZEN"...

... Oberbegriff: „NATUR".

Aha... tja... Danke.

Bitte.

Es lohnt nicht immer, Gott zu fragen. Echt nicht.

Die innere Leichtigkeit

Bevor Gott die Eulen erschuf, wollte er erst einmal selber fliegen lernen.

Das muss schon sein.

www.fluglehrer.de

TIP TIP

Pop ups blocken.

KLIK

- DAUER -

Wie? Seite kann nicht geladen werden?

Gott hatte vergessen, das Internet zu erschaffen.

Man kann auch nicht an alles denken.

Dann eben klassisch per pedes apostolorum.

Oh, sieh mal an.

Das sieht doch nach Fluglehrer aus.

Walter, der Falter, erwies sich als ein guter und geduldiger Mentor.

Fliegen kann eigentlich jeder...

Aha.

... es geht darum, die innere Leichtigkeit zu bewahren.

Ach soooo.

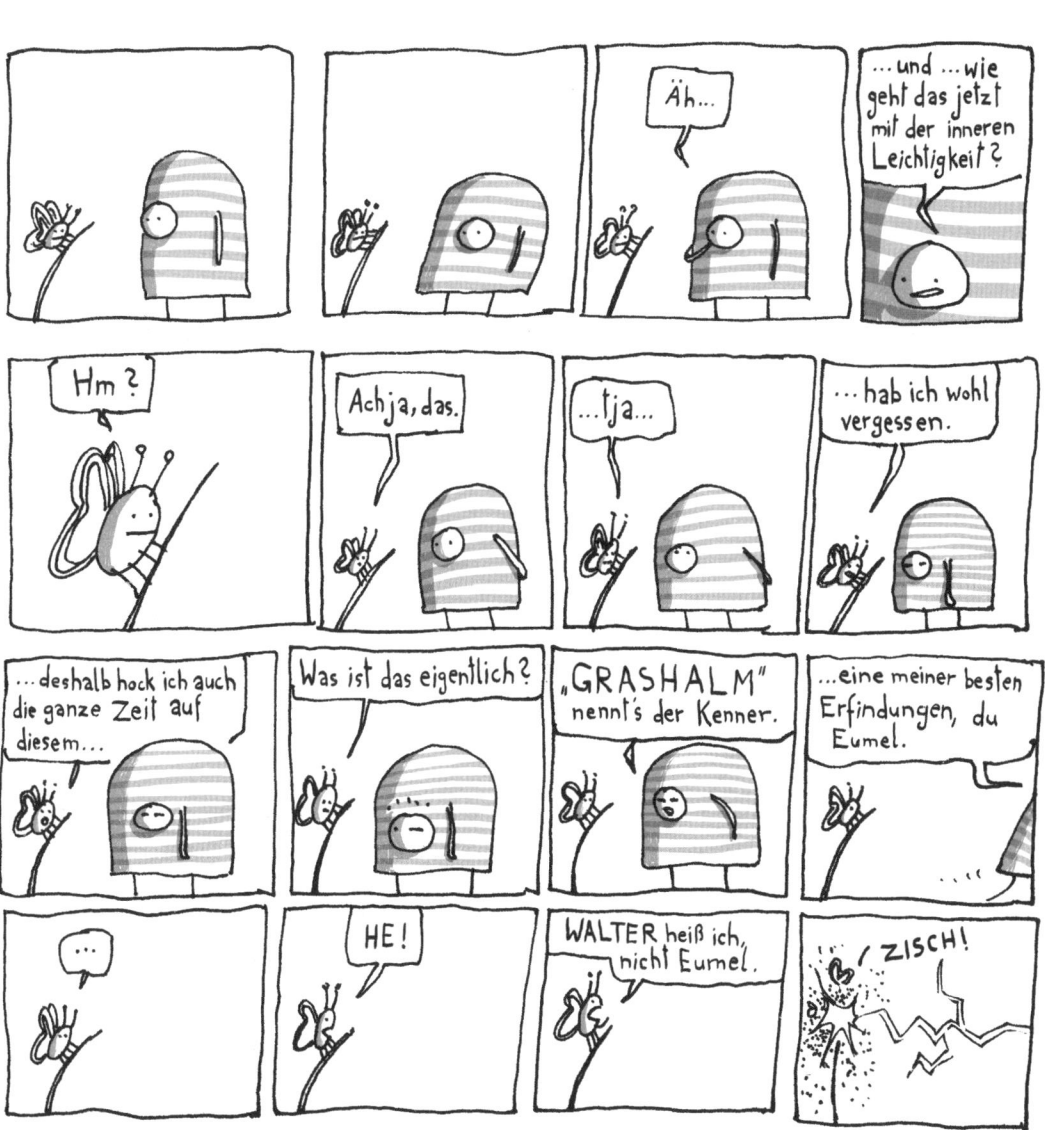

Äh...

...und ...wie geht das jetzt mit der inneren Leichtigkeit?

Hm?

Ach ja, das.

...tja...

...hab ich wohl vergessen.

...deshalb hock ich auch die ganze Zeit auf diesem...

Was ist das eigentlich?

„GRASHALM" nennt's der Kenner.

...eine meiner besten Erfindungen, du Eumel.

...

HE!

WALTER heiß ich, nicht Eumel.

ZISCH!

Panel 1: Wo ah!

Panel 3: Mist. Ich bin tot.

Panel 4: Damit hätte ich nicht gerechnet.

Panel 5: Hm...

Panel 6: Seltsam übrigens...

Panel 7: ...als Toter hockt man also auch auf einem...

Panel 8: ..."GRASHALM".

Panel 9: Hey Walter, alles fit? ...

Panel 10: Hey Gerald. Ja, muss, ne? Jo.

Panel 11: Hm...

Panel 12: Grashalme, komische Nachbarn ...

Panel 13: ...sinnloser Smalltalk...

Panel 14: Das alles führt mich zu der Annahme,...

Panel 15: ...dass ich gar nicht tot bin.

Panel 16: Erleichterung...

SCHOCK!

Ich FLIEGE!! FALT

FALT FALT

GOTT, dieser alte Fuchs! FALT

Ja! Gott, dieser clevere Patron, hatte Walter geholfen, seine innere Leichtigkeit wieder zu erlangen – okay, man muss zugestehen, dass er

Gewalt (Blitzschleudern) angewandt hatte, aber in diesem ganz speziellen Fall heiligt der Zweck ja sowas von die Mittel.

Gott war sehr zufrieden.

Genau! Und fliegen lernen muss ich auch nicht mehr.

Denn Walter wird meine Eulen alles lehren.

FALT FALT

Walter wurde den Eulen ein guter Lehrer.

MIR NACH!! Und RUNTER! Und HOCH!! Und RUNTER! Und HOCH! FALT

← die neuen Eulen

Jetzt bräuchte ich noch jemand, der den Eulen schreiben beibringt.

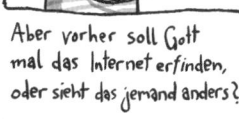

Aber vorher soll Gott mal das Internet erfinden, oder sieht das jemand anders?

Erkenntnis

Gott ist ein Fisch.

Heute bin ich Fisch.

Haste gesehen? Ja. Gott ist ein Fisch.

Wenn wir das unsern Weibern erzählen.

Die erzählen das doch direkt weiter.

Ja. Echt.

Wir haben heute Gott gesehen. Der ist ein Fisch, aber jetzt nicht schon wieder überall rumerzählen.

Ich erzähl gar nicht immer alles rum.

Inzwischen ist Gott eine Erdbeere.

Rot...

...und dann meint er, ich würde überall rumerzählen, dass Gott ein Fisch ist.

Männer!

...das Gott ein Fisch ist, aber erzählt das jetzt nicht wieder allen weiter.

Das erzähl ich allen weiter...

Der Geheimagent weiß diese Information zu nutzen.

Unter dem Tisch schreibt er eine SMS ...

...mit einer Hand ohne zu gucken...

TIP TIP

... an den Papst.

Ping!

...Hm...hab ich das Handy wohl im Talar gelassen...

SIEMENS

Hi. Gott ist ein Fisch. LG Geheimag.

Fisch? Hm... Scheiße. Na, dann brauchen wir eben neue Kostüme.

Und es dauert nicht lange, da hat der Vatikan, wenn nicht sogar die gesamte Christenheit umdisponiert.

Heilig

Christus

Blubb Blubb

Doch inzwischen ist Gott die Kreiszahl π.

Die einzige Zahl mit Beinen...

Aha... Gott ist ein Tisch.

Nichts als Segen

Neulich klingelte es bei Gott.

Es waren drei Dozenten für Astrologie von der Uni Korschenbroich.

Wir wollten fragen, ob wir etwas Segen haben können.

Hm... Segen....

LUZ!!

Ja?!

Haben wir noch Segen?

Moment... wir haben noch Verdammnis...

...und Sintflut!

Sorry, aber wir haben nur noch Verdammnis und Sintflut.

Und Stress! Ganz viel!

...und Stress.

Wollten die keinen Stress?

Nö. Nur Segen.

Schwachstellen

Gott, komm mal bitte kurz.

Was liegt an, Herr Kollege?

Wir machen jetzt voll das lustige Spiel.

Steck ma' die Zeigefinger in beide Mundwinkel.

...so...

Und dann sag' mal: „Die Hühner picken."

So?

Genau. Und nach hinten ziehen...

Und jetzt sagen!

„Die Chühner fwicken."

Lustig, ne? Fickende Hühner. Hahaha.

Unglaublich.

FICKEN!

Ey!

HI HI HI HI HI HI HI HI HI HI HI HI HI HI HI HI HI HI HI

Genau wie Judas, damals.

HU HU HU HU HU HU

HU HU HM HRM

HM HRM

TS TS TS TS

HM

Poah...

HRM

HM

Fandeste das gar nicht so witzig?

Nicht allzu sehr.

Aber trotzdem: Es war mir ein Vergnügen.

BEUG

FICKEN!!!

Nun ist es nicht mehr witzig.

Da musste Dir schon was and'res einfallen lassen...

TIP

Was ist los? Alles ok?

Jaja...

Ich bin halt nur voll kitzlig.

AHA! — Nein!

DOCH! — Niemals!!

Gott ist kitzlig! Gott ist kitzlig!

Ahaaa!!!

So so!!

Interessant!

Jetzt kennen wir Gottes Schwachstelle!

Auf ihn!

Aber subito!

Kille! Kille!

Kille! Kille!

Ojemine

Kille! Kille!

Kille! Kille!

KILLE KILLE

KNUFF KITZEL

PUFF

ZACK

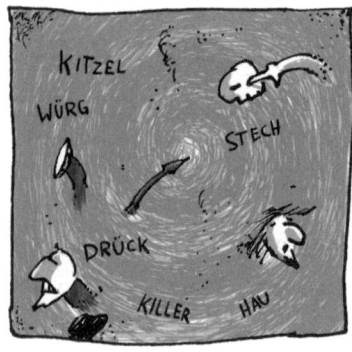

KITZEL

WÜRG

STECH

DRÜCK

KILLER HAU

RUMPEL KÄMPF

KLOPP

HAU

PIEKS DONNER

Wo icht Gott?

Irgendwie weg.

Nicht zu sehen.

Vielleicht geplatzt?

Oder vielleicht totgekitzelt?

Hm...ja... vielleicht...

Könnte gut sein...

Klingt plausibel.

Kann passieren.

Jaja

Immer wieder.

Das kommt in den besten Kreisen vor.

Ständig.

Auf jeden.

Hat man doch letztens noch woanders gehört.

Stimmt.

Genau.

Tja...

Kannste nix machen.

Auf keinen.

Wir hätten dann jetzt ein WG-Zimmer frei.

Irgendjemand interessiert?

Na gut, denn...

...haut ma' rein und bis die Tage.

Ich bin auch weg.

Ich auch.

Tschö!

Tschö!

Tschö!

Voilà!

Humm!

PTUI

AUFPRALL

DIE HÜHNER PICKEN!

DIE HÜHNER...

Warum denke ich das die ganze Zeit?

FUMMEL

ZOPFMACH

...PICKEN!!!

ENDE

Zeitvertreib

C'mon! Gogogo!

Yes yes yes! C'mon!

ye ye ye YEAH!

Jetz' dranbleiben! Go go go go go go go!

yei yei yei

Gogogogo!

KLAP KLAP KLAP KLAP

HÖI! HÖI! HÖI! KLAP! KLAP!

ACHTUNG! Zweig 17! Zweig 17!

YEEEEES!

You're the MAN!

Warum es die ganzen Kriege gibt? Pass mal auf, mein Kind .....

Wunderwerk

Innerlich jubelnd flog Gott auf seinem neuen Hai durch die Landschaft.

Den Hai hatte er gerade erst erschaffen. Ein Wunderwerk.

Fliegen mochte Gott am Liebsten. Danach kam Sudoku, dann Laternen austreten, dann Matheklausuren, und dann allen Blättern im Bois-de-Bologne Kosenamen auf Altaramäisch zu geben.

Sieh nur Vati! Gott fliegt mit seinem neuen Hai!

Gott ist eine Erfindung von Coca Cola, mein Sohn.

Chillige Musik hören, ein paar Runden auf dem neuen Hai - Was will man mehr vom Leben?

„Banana Boat Song" mit Harry Belafonte.

Natürlich gab es wieder die üblichen Verdächtigen, die einem den Spaß missgönnten.

Guck Dir ma' die hässlichen Flossen an, gehtja gar nich'.

Ey, und Harry Belafonte, ne, is' auch voll nich' so gut, ey.

Aber wer kennt das nicht: gerade hatte man noch seinen Spaß und war fröhlich und schon zeigen sich die ersten Wolken am Himmel.

Wuuuhuuu!!!

He!

BREMSAUTOMATIK

Was ist denn hier los?

Wolkenstau.

Da vorne sind so'n paar Gewitterwolken, die müssen erstmal abregnen.

Och nö, Hai....

Da hab ich jetzt keine Lust drauf.

Mit Wolken-Business haben wir heute nichts zu schaffen.

Wir fliegen vorbei.

Blinker setzen.

Oje.

Blinker und Lichthupe hab ich vergessen.

Scheiße.

Na komm, Hai, das hat doch keinen Zweck.

Ab nach unten.

PLATSCH

Ok stop!

So, Hai...

Hier unten bist Du besser aufgehoben.

Dann machen wir noch das Verdeck zu...

... sonst werden die Polster nass.

Aber nun heißt's Abschied nehmen.

Dir ist auch schwer zu Mute, was, alter Junge...?

Reib

Komm, bringen wir's hinter uns,
sonst wird's hier noch zu salzig. *)

*) wegen der Tränen

Gehab dich wohl, mein Guter.

Goodbye,
Hai.

Gerechte Strafe

Eines grauen tristen Tages vergaß Gott, den Regen abzustellen. Da wurde er ziemlich nass.

„Nass" ist gar kein Ausdruck, verdammte SCHEISSE !!!

Vor Wut über sich selber erfand er die GRAMMATIK.

Diesmal machte er richtig ernst mit Steintafeln und Blitz und Donner.

So! Und wer auch nur einen Fehler macht...

...kommt in die HÖLLE !!!

Die Hölle jedoch war noch gar nicht geliefert worden.

Das war natürlich ein Riesenglück für die ganzen Kinder, die im Diktat immer Fehler machten.

Allerdings wussten sie nun auch erst mal nicht, was tun.

Da wurden sie alle Politiker und setzten die Geschichte der Menschheit in den Sand.

Gott tat das mit der Grammatik inzwischen ein bisschen leid.

Direkt in die Hölle nach einem schlechten Diktat ist aber auch etwas unangemessen!

Nur, weil ich mich geärgert habe...

Deshalb schrieb er auf die Rückseite der Steintafeln schnell ein paar andere Sachen... irgendwas mit Liebe und sich-nicht-immer-töten und derlei.

Warum soll man denn nicht töten?

Schnauze, Moses!

Und die Politiker müssen nun als Strafe fürs Regieren im Garten Eden den Rasen mähen und Unkraut jäten.

Mittwochs um 17 Uhr gibt's immer frischen Apfelkuchen mit Schlagobers für alle. Da soll nochmal einer kommen und sagen, den Politikern erginge es schlecht.

Phänomen

Sag' mal, Gott...

Was soll ich sagen?

Ich hätte da mal ein paar Fragen.

Lass mal hören, lass mal seh'n.

Kennst Du dieses Phänomen...

...wenn einer deinen...

...Satz beendet?

Und schlimmsten Falls...

...den Sinn umwendet?

Wenn einer ständig...

...unterbricht?

Ja, kenn ich, aber mach ich nicht.

Du lässt immer jeden...

...ausreden.

Das zeugt von Takt und...

...Höflichkeit.

Yes my deer, you're goddamn' right.

deer?

Blabla!

Jedes Jahr an Weihnachten gibt es zwischen Gott und dem Weihnachtsmann ein Fernsehduell.

Blabla!

Es geht dann darum, wer beliebter oder wer heiliger sei.

Manche glauben ja nicht an den Weihnachtsmann und kriegen nur die Hälfte mit.

Andere glauben auch an Gott nicht, und die kriegen gar nichts mit.

Bla

Bla

Bla!

Hier sieht man wieder mal: Ungläubige haben das langweiligste Fernsehprogramm.

Natürlich sind sie darüber sehr wütend.

Sie rennen raus und machen alles kaputt.

Klick

GRRRRRR!

GRRRR

GRRR

Im Fernseher wird das dann als WELTUNTERGANG angepriesen. Tja... Weihnachten halt. Und Fernsehen.

Maßnahmen gegen Ungehorsam

Letzten Mittwoch ging die Sonne nicht auf.

Wo bleibt die denn?

Ich steh hier doch nicht ewig rum.

TIP TIP

Hallo? Gott hier?

Ja hi, Mond hier...

Du, ich wollt' mal fragen, wo Sonne bleibt.

Wieso? Ist die denn noch nicht da?

Nö.

Wo ist die denn?

Das wüsst' ich auch gern.

Hat die verpennt?

Wenn ich das wüsste, Gott, riefe ich jetzt nicht an.

Hast Du's auf ihrem Handy probiert?

Geht keiner dran.

Komisch... Na gut, ich check das.

Das wäre freundlich.

Komisch...

Wo kann die denn bloß stecken?

Ich klingel sie mal an.

TIP TIP TIP

-TUUUUUUT-

-TUUUUUUT-

»Dies ist die Mailbox von

Ach Scheiße!

KLICK

Hmmm...

Vielleicht wissen die Wolken ja was.

Nee, keine Ahnung.

Nich' geseh'n.

Die hat aber auch nichts gesagt.

Seltsam.

Ob ihr irgend etwas passiert ist?

Öh... Tschuldigung

Ja?

Hallo...

Hi...

Ich wollte mal fragen, wann denn die Sonne aufgeht...

...weil ich ja alle wecken muss und so...

Ja...

...äh... es gibt eine technische Störung im... äh...

FUCHTEL

...Beleuchtungssektor... ...äh...aber wir sind dabei...

Wobei denn ?!

Das wüsst' ich aber auch gern?

Wir finden das einfach unmöglich, dass der Tag nicht beginnt!

Wir haben doch Verantwortung!

Keiner geht mehr arbeiten und unsere Fabriken und Büros bleiben leer! Wie soll man da produzieren?

Die armen Aktionäre!

Da hält man die Wirtschaft am Laufen...

...und hinterzieht kaum noch Steuern...

...und dann sowas! Und die Angestellten liegen faul im Bett!

Ei ei ei!

...und betet auch noch tagtäglich...

...und ZAHLT sogar noch seine Steuern...

FLUCHT

?

Jetzt muss mir aber was einfallen lassen.

Ersatz muss her, und zwar schnell.

Tidelidelideli! Tidelidelideli!

Oh...Mond...

Tidelidelideli!

Ja...hallo?

Ja, ich bin's. Wie sieht's denn aus?

Doof sieht's aus. Ich find' Sonne nicht.

Aber sag mal, könntest Du vielleicht noch ein bisschen als ... Vertretung fungieren?

Du, Gott, sorry, aber ich mach' mittlerweile schon seit 4,5 Milliarden Jahren Nachtschicht, da kann ich...

...nicht auch noch tagsüber hier einen auf

JAJA schon kapiert.

...Hm...

...Hm...

Ja komm, ich halt hier erst mal die Stellung.

Puh

Aber sieh zu, dass Du Sonne findest.

Ey danke Mond, Du bist echt korrekt. Echt jetzt.

Jaja.

Ich lass mich ja doch jedesmal wieder breitschlagen.

KLICK

Und ich guck jetzt mal bei ihr zuhause nach.

Sieht verlassen aus...

DING DONG

Vielleicht sieht man ja was durch die Fenster?

HUPF

...nichts...

Hallo? Gott?

Sonne ?!

Was machst Du hier?

Na... ...wohnen?

WO SIND DEINE STRAHLEN?! ES IST TAG!! DU SOLLST SCHEINEN!!!

Ich kann alles erklären.

BLABLEBLEBLECHBLUMENBLABLABLUB LABERRHABARBERFABIKBLABLU BLABILANZMUSSTIMMENBLABLU QUASSELBESCHWEREINSCHÜCHTERBL ERZÄHLBLAVOMEXPORTABHÄNGIGBLU LABERREDZUTEXTWASDASDENNSOLL BLUBBERMITKONSEQUENZENDROHBLA EUVERORDNUNGEINHALTENBLABLATEXT BLAERZÄHLNICHTZUWORTKOMMENLASSBL

Geht doch einfach schlafen, Leute.

Gock Gock

Hey, guckt doch mal, wer da vorne kommt.

A-HA!!

Hey, alles klar bei Dir?

HMPF.

Wir reden später. Ich geh jetzt mal auf.

KIKERIKI?

Jaja...

Ok Leute. Versammlung beendet. Bitte geht alle wieder nach Hause.

Nix da!

Wir wollen wissen, was los war.

So lassen wir uns nicht ab-speisen!

Also gut. Ich zähle jetzt bis eins...

...wenn ihr dann noch nicht weg seid...

...gibt's ab morgen weder Kapitalismus noch Eigentum oder Privatvermögen oder Schweizer Konten...

O Schreck!

O Graus!

Gnad'!

So, weg sind sie. Was für eine Aufregung.

Was war denn los mit Sonne?

Sie dachte, sie müsse heute nicht scheinen.

Warum?

Weil der Christopher gestern seinen Teller nicht leer gegessen hat.

Wie bitte? Das gibt's doch nicht!

Panel 1: Und die Kinder in Afrika haben nichts zu essen!

Panel 2: Da würd' ich auch nicht scheinen. Tja.

Panel 3: Aber Tiffany hat gestern eine 1 in Mathe geschrieben.

Panel 4: Ach so...

Panel 5: Das hebt sich dann ja gegenseitig auf, oder?

Panel 6: Eben. Aber das hat Sonne total verpeilt.

Panel 7: Oje, die Ärmste.

Panel 8: Man müsste mal neue Maßnahmen gegen ungehorsame Kinder überlegen.

Panel 9: Vielleicht ein Riese, der sie des Nachts holen kommt?

Panel 10: ...oder...

Panel 11: ...oder Kinofilme mit Jimmy Blue Ochsenknecht.

Panel 12: Höhö! Genau!

ENDE

Der letzte Comic der Welt

Rahmen sind etwas Gutes.

Sie engen nicht ein. Sie **fokussieren**.

Und wie viele gute Worte wurden...

...in SPRECH-BLASEN gesagt?

Nun nicht mehr.

ENDE

Aaah Hilfe!! Was ist das da?

Eine Hose?

Ach so

Aike Arndt wurde 1980 in Neuss geboren und studierte nach Abitur und Zivildienst Design in Münster. Seit 2007 ist er als freiberuflicher Illustrator und Animator tätig. Sein Animationsfilm STYX wurde 2008 für den Deutschen Kurzfilmpreis nominiert. Die Zeit und Gott ist Aikes Comic-Debüt.

In den Comics zeichnest Du Dich immer mit langen Haaren. Aber eigentlich sind die ja kurz.

Genau. Die Haare sind ab. Früher waren die lang, weil ich meistens Death Metal gehört hab. Ich mochte immer so gerne die Double Base.

Aike Arndt bei Zwerchfell:

»Und dieser Gott: Er ist ein absolut sympathischer Kerl.« – evangelisch.de

»Ein wahres Heilmittel für Atheisten, denn diesen Gott muss man einfach lieben.« – Comic Radio Show

»Ein charmant-schrulliges Vergnügen.« – Spiegel.de

Auch bei Zwerchfell:

»Furchtlos, lustvoll und mit intelligentem Witz verpasst Soraya dem Klassiker ein Update. Sie versetzt die handelnden Figuren in unsere Zeit, stellt scheinbare Gewissheiten in Frage und sprengt munter Geschlechtergrenzen. Dabei erzählt sie die alte Geschichte vom Bund zwischen Mensch und Teufel auch aus der neuen Perspektive der jungen, reflektierten und kampflustigen Margarete. „Gretchen" war gestern.« – Heike Byn im Tagesspiegel

Roya Soraya: Faust – eine Tragödie! – 116 Seiten, 25 €

Auch bei Zwerchfell:

„Who's the Scatman?" ist eine bestens recherchierte und zugleich einfühlsame Comic-Biografie, die so noch nie erzählt wurde. Ganz ohne Kitsch schafft es Jeff Chi, die manchmal tragische Geschichte von John Larkin zu erzählen, der vom Underdog zum gefeierten Popstar wurde. Und der am Ende ausgerechnet mit druckvollem Dancefloor-Pop seine zarte Message rübergebracht hat: „Du bist gut, genauso wie du bist!" – Kerstin Burlage auf bremen zwei

Jeff Chi: Who's the Scatman? – 248 Seiten, 30 €